THIS COLOURING BOOK BELONGS TO:

COPYRIGHT 2020 ACIDTATE ART BOOKS.
AUTHOR & ILLUSTRATOR: ACIDTATE
WWW.INSTAGRAM.COM/ACIDTATE
WWW.FACEBOOK.COM/ACIDTATEART
WWW.ETSY.COM/MARKET/ACIDTATE_ART
ACIDTATEART&HOTMAIL.CO.UK

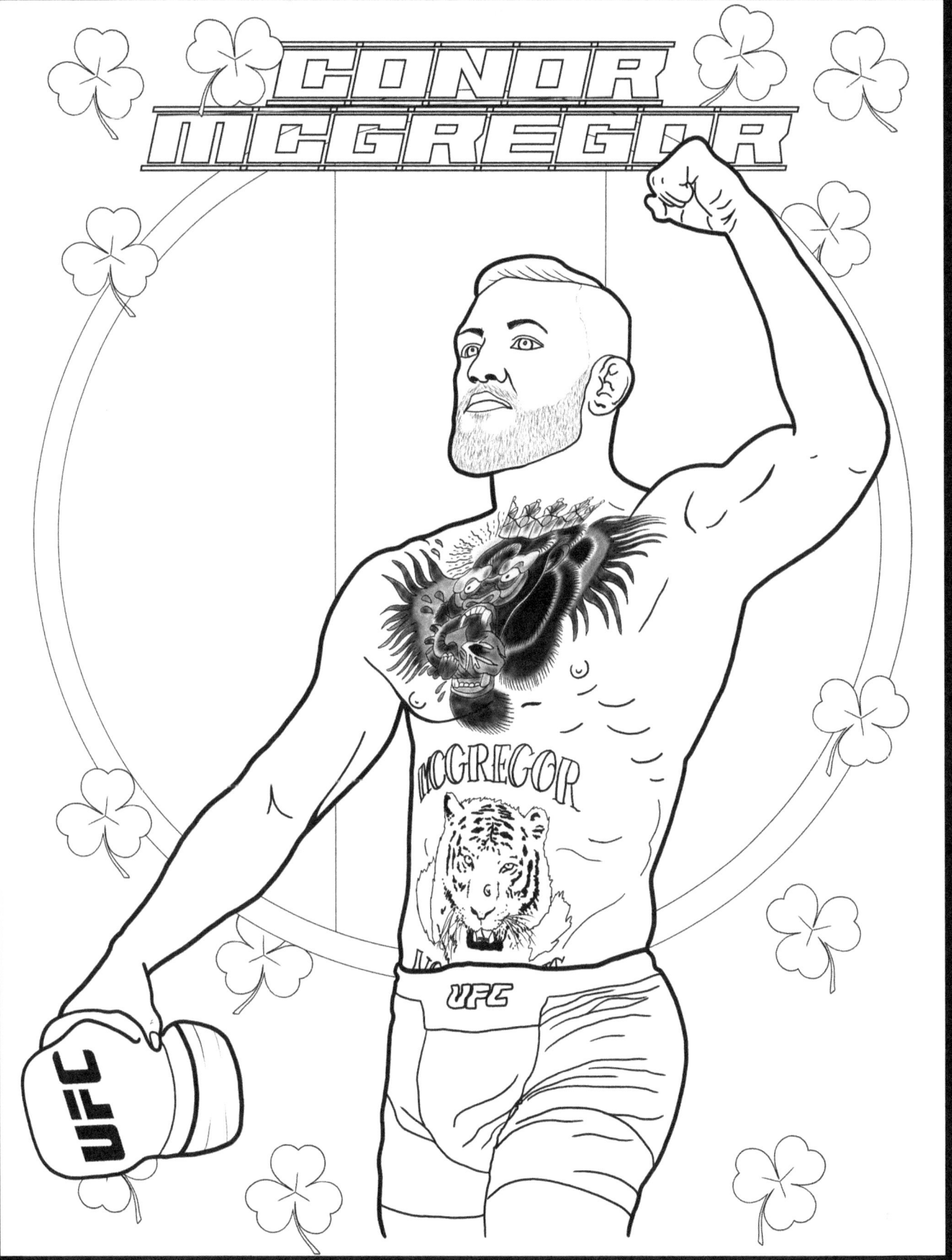

WWW.INSTAGRAM.COM/THENOTORIOUSMMA

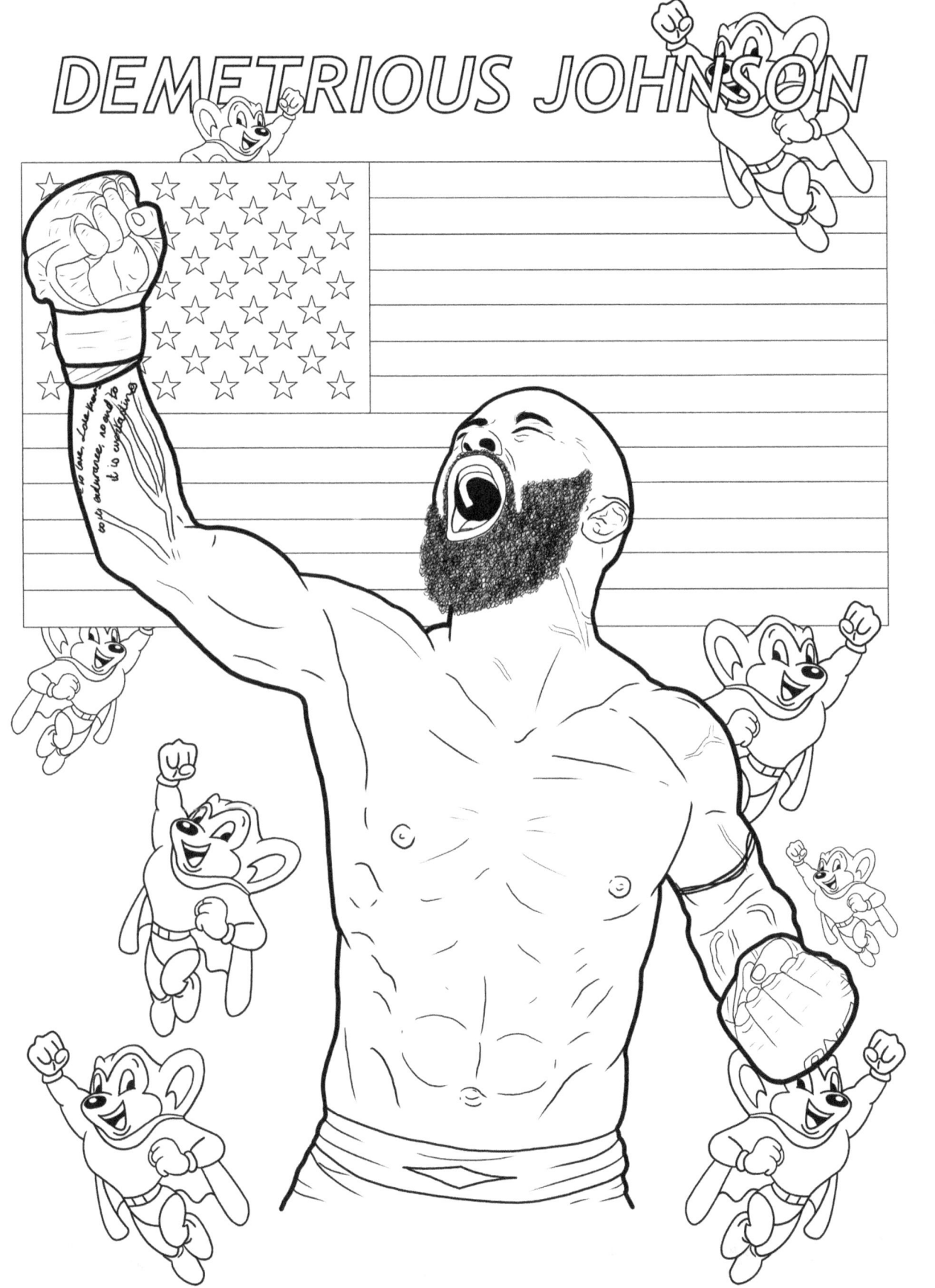

WWW.INSTAGRAM.COM/MIGHTYMOUSE125

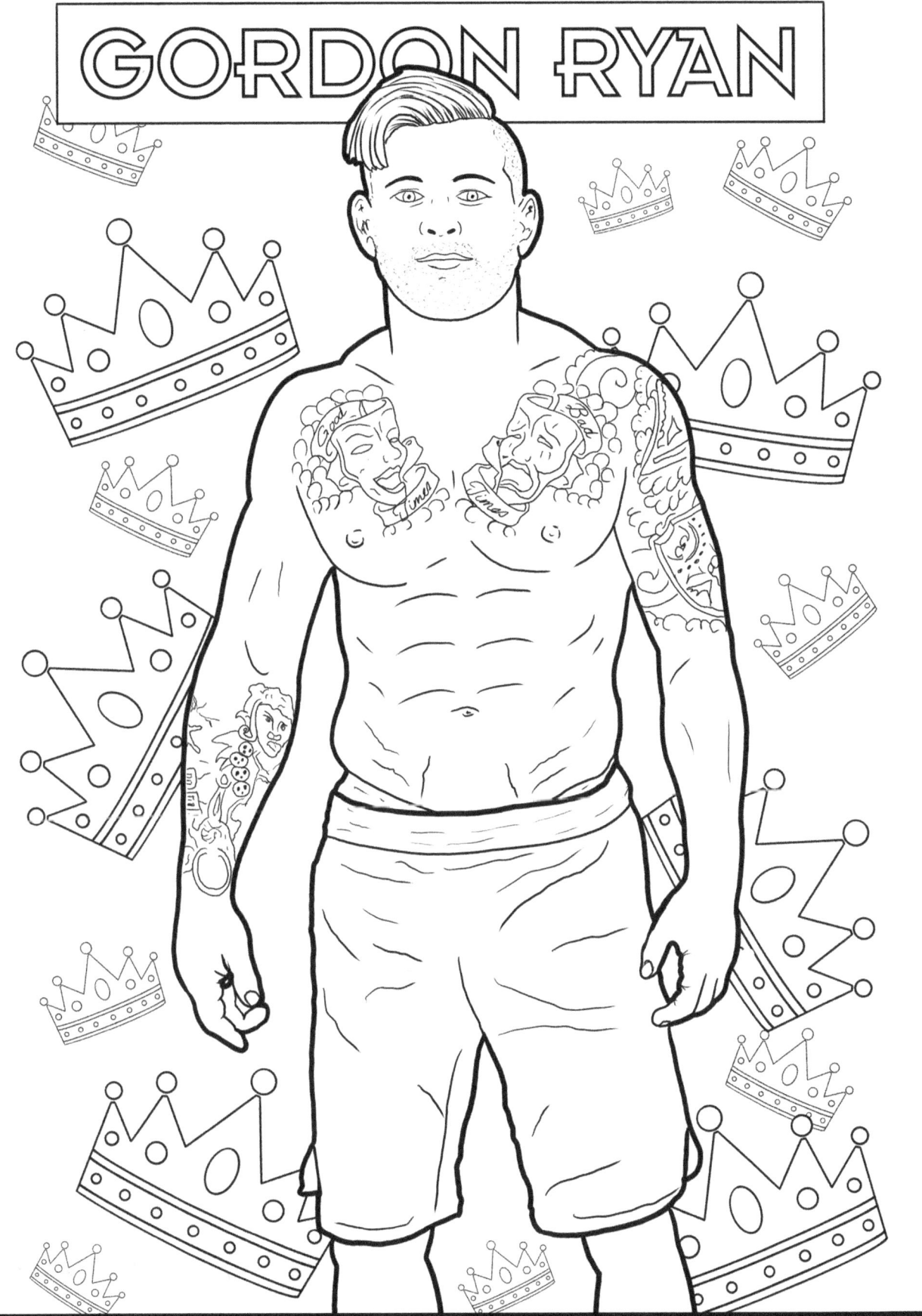

WWW.INSTAGRAM.COM/GORDONLOVESJIUJITSU

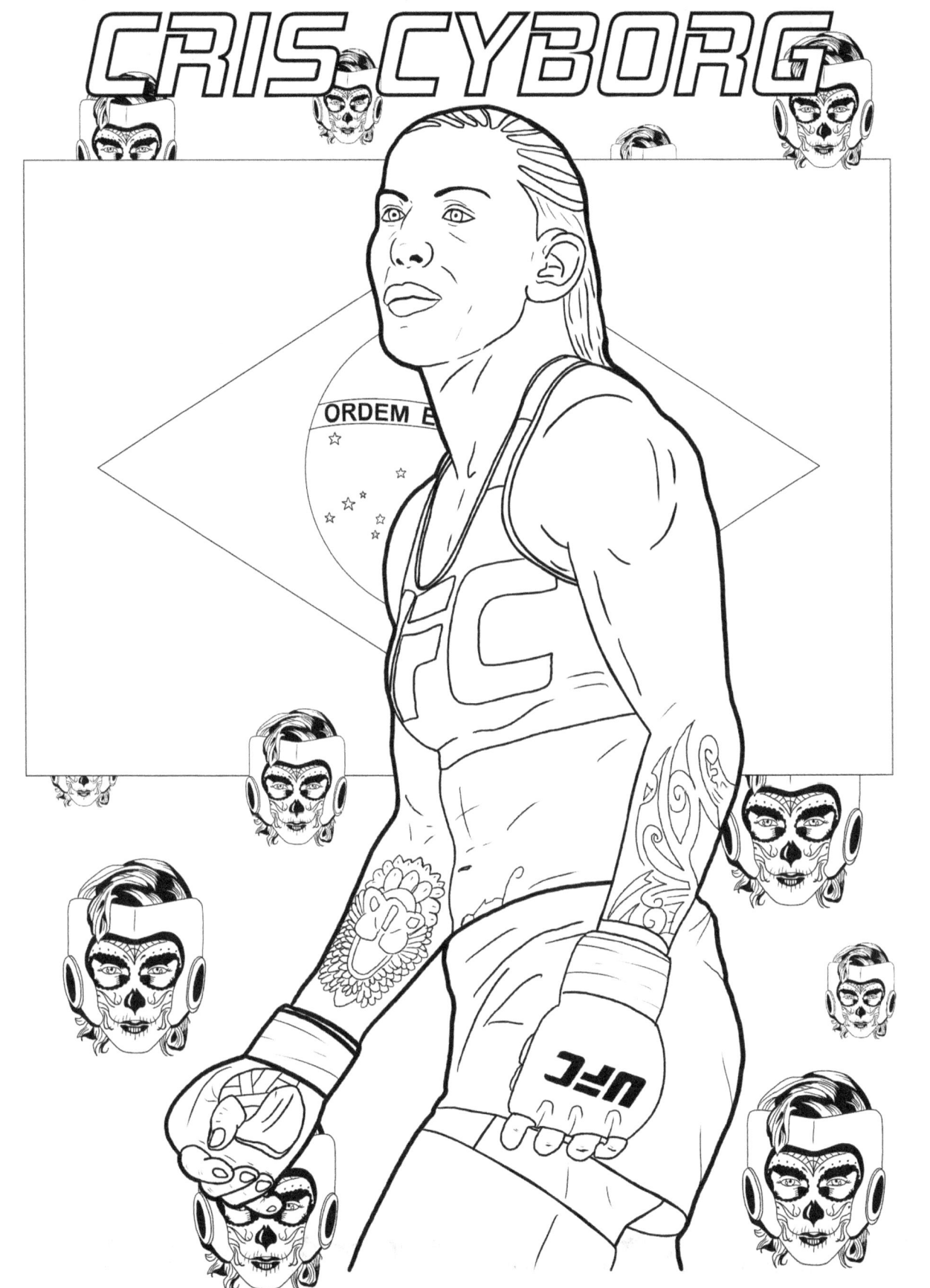

WWW.INSTAGRAM.COM/CRISCYBORG

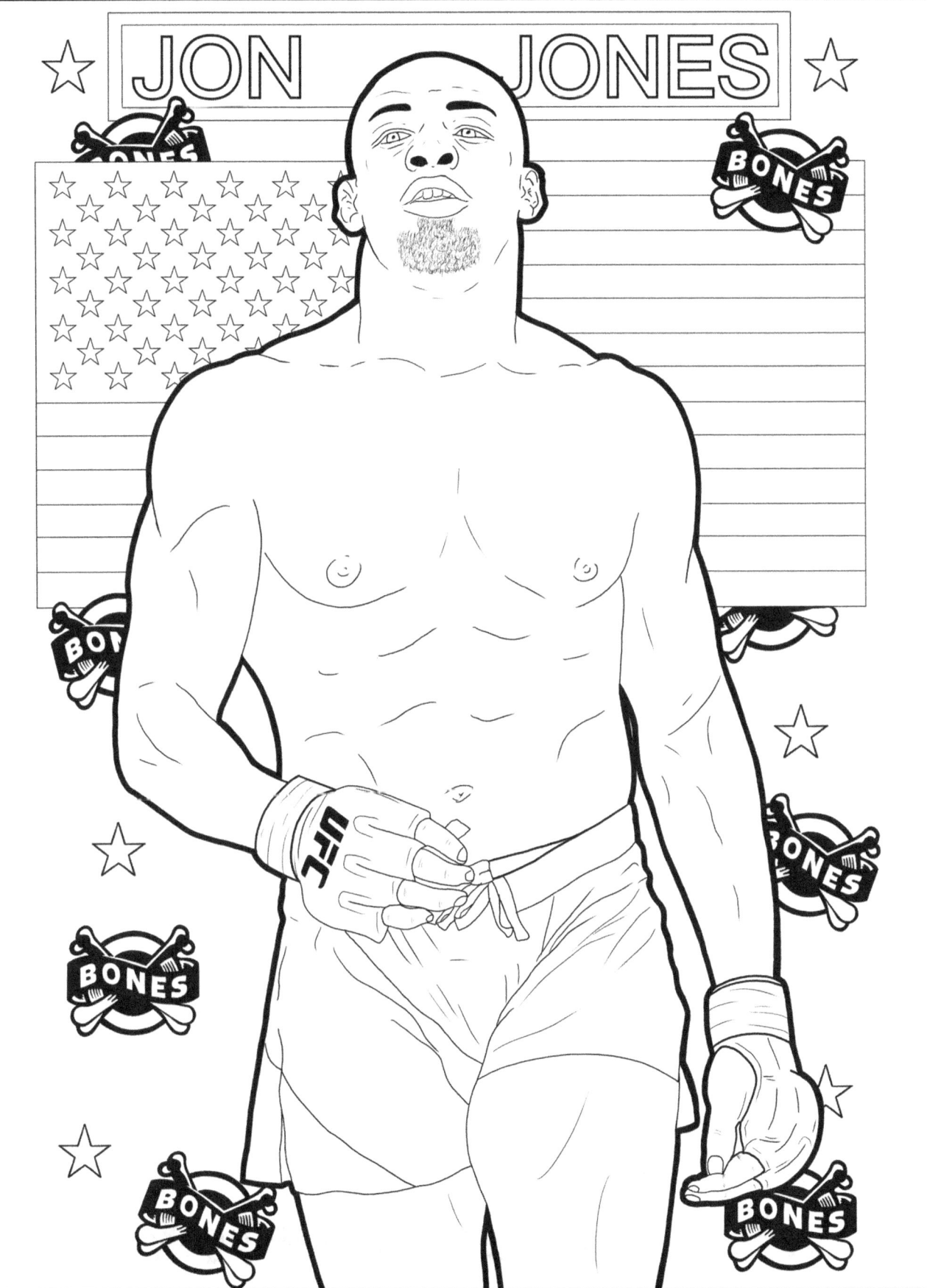

WWW.INSTAGRAM.COM/JONNYBONES

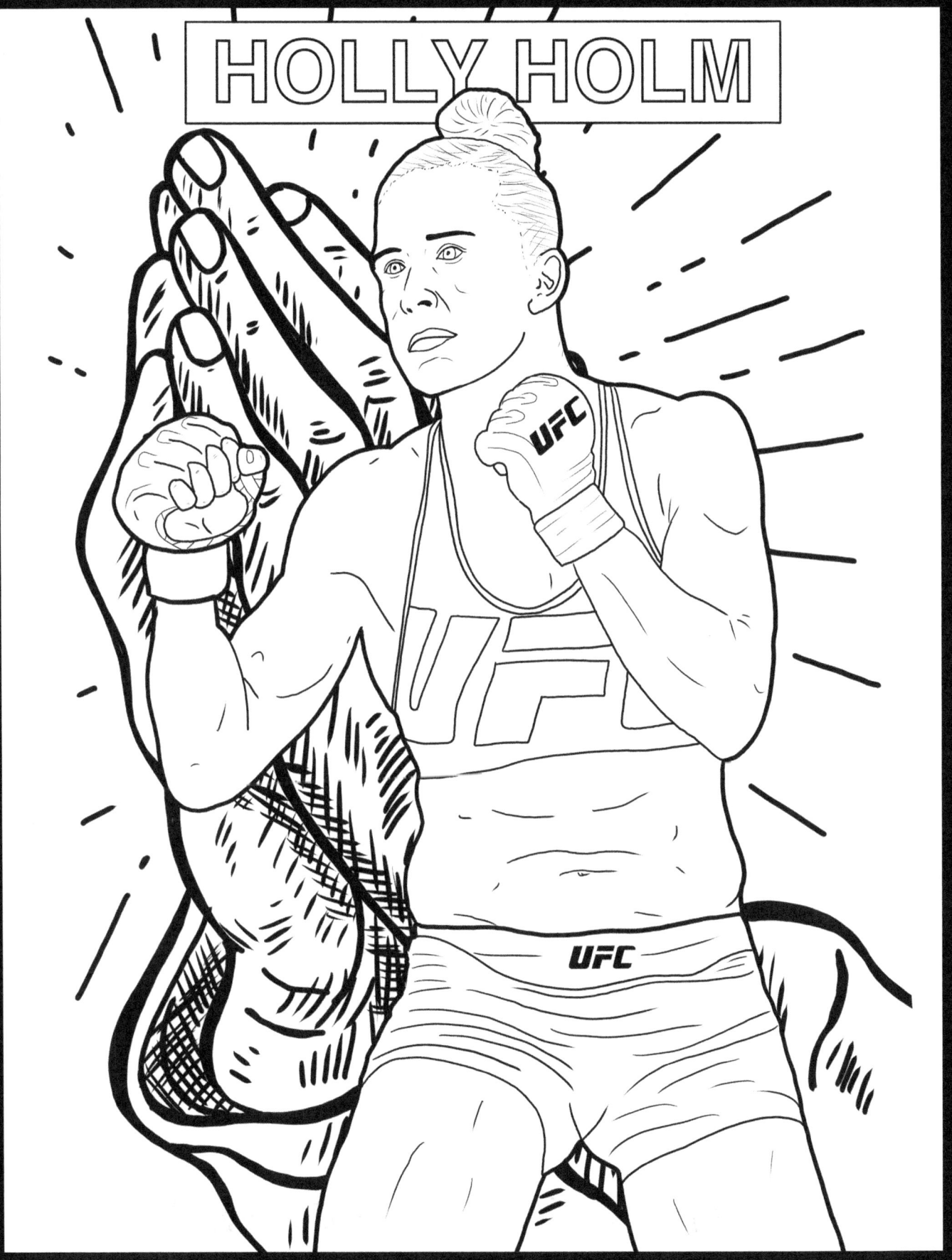

WWW.INSTAGRAM.COM/HOLLYHOLM

CRAIG JONES

F**K CRAIGJONES

F**K CRAIGJONES

F**K CRAIGJONES

WWW.INSTAGRAM.COM/CRAIGJONESBJJ

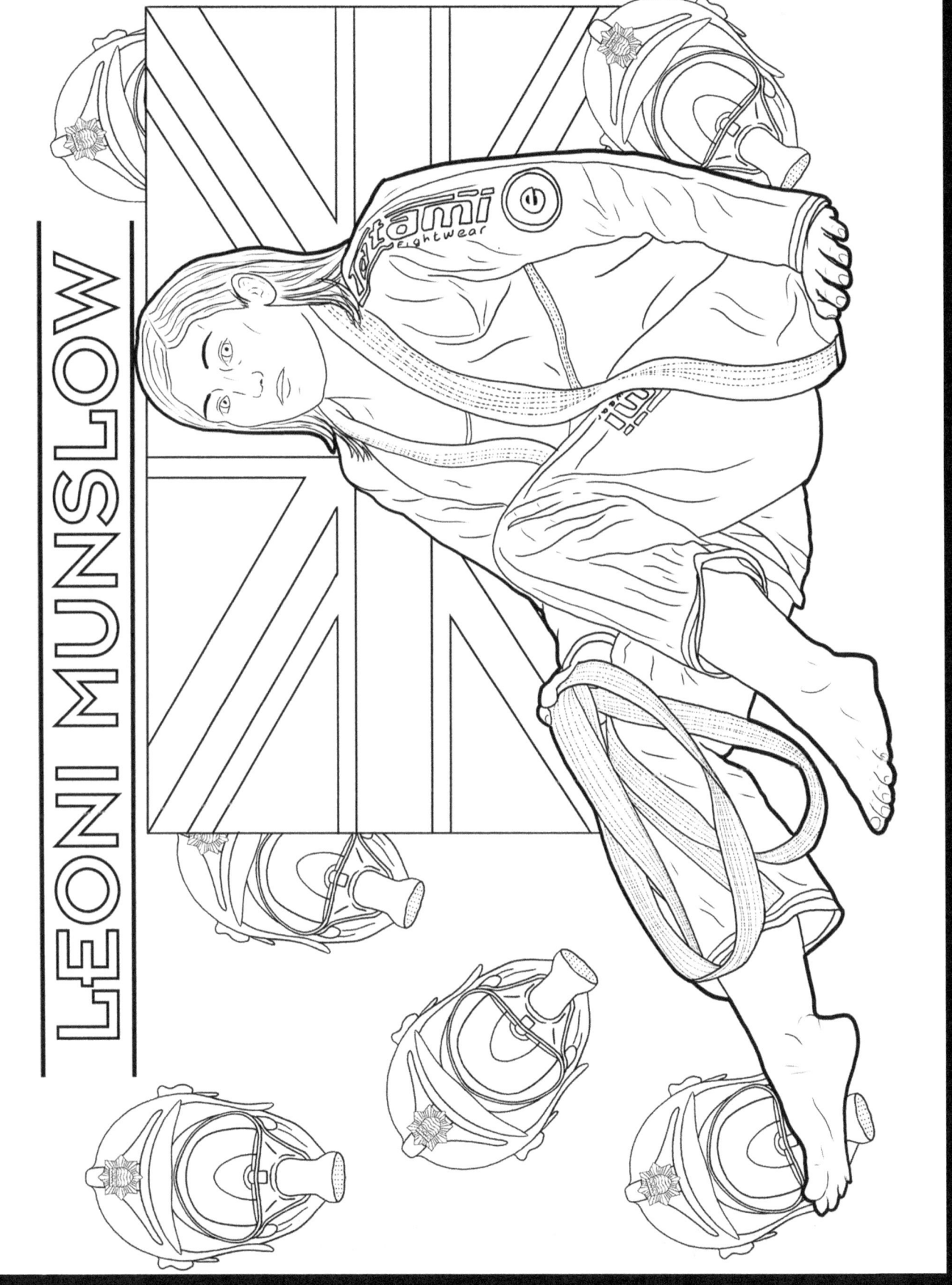

WWW.INSTAGRAM.COM/LITTLE_LEONI

DARREN TILL

WWW.INSTAGRAM.COM/DARRENTILL2

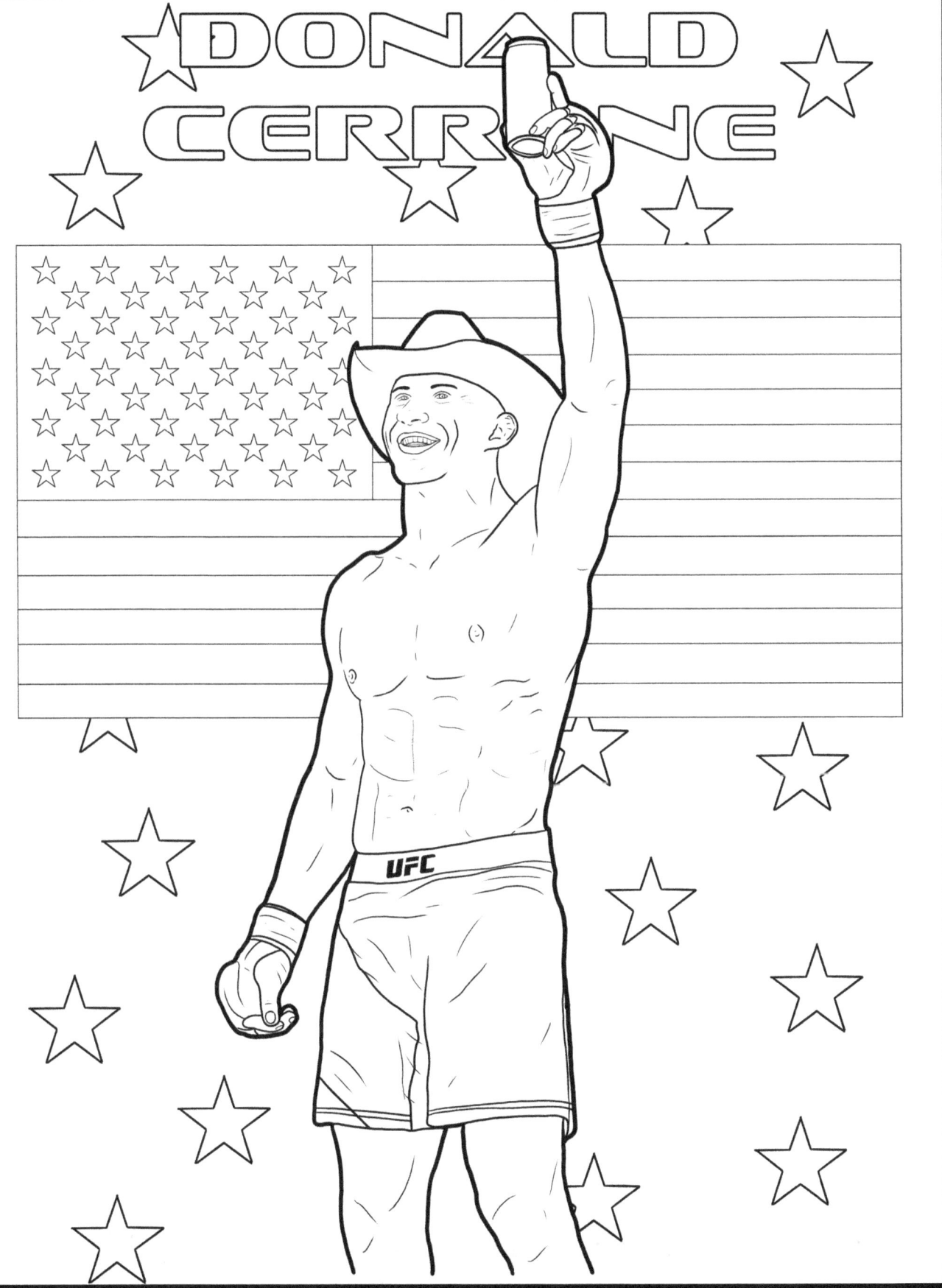

WWW.INSTAGRAM.COM/COWBOYCERRONE

CATHERINE PERRET

WWW.INSTAGRAM.COM/CATHERINEFP

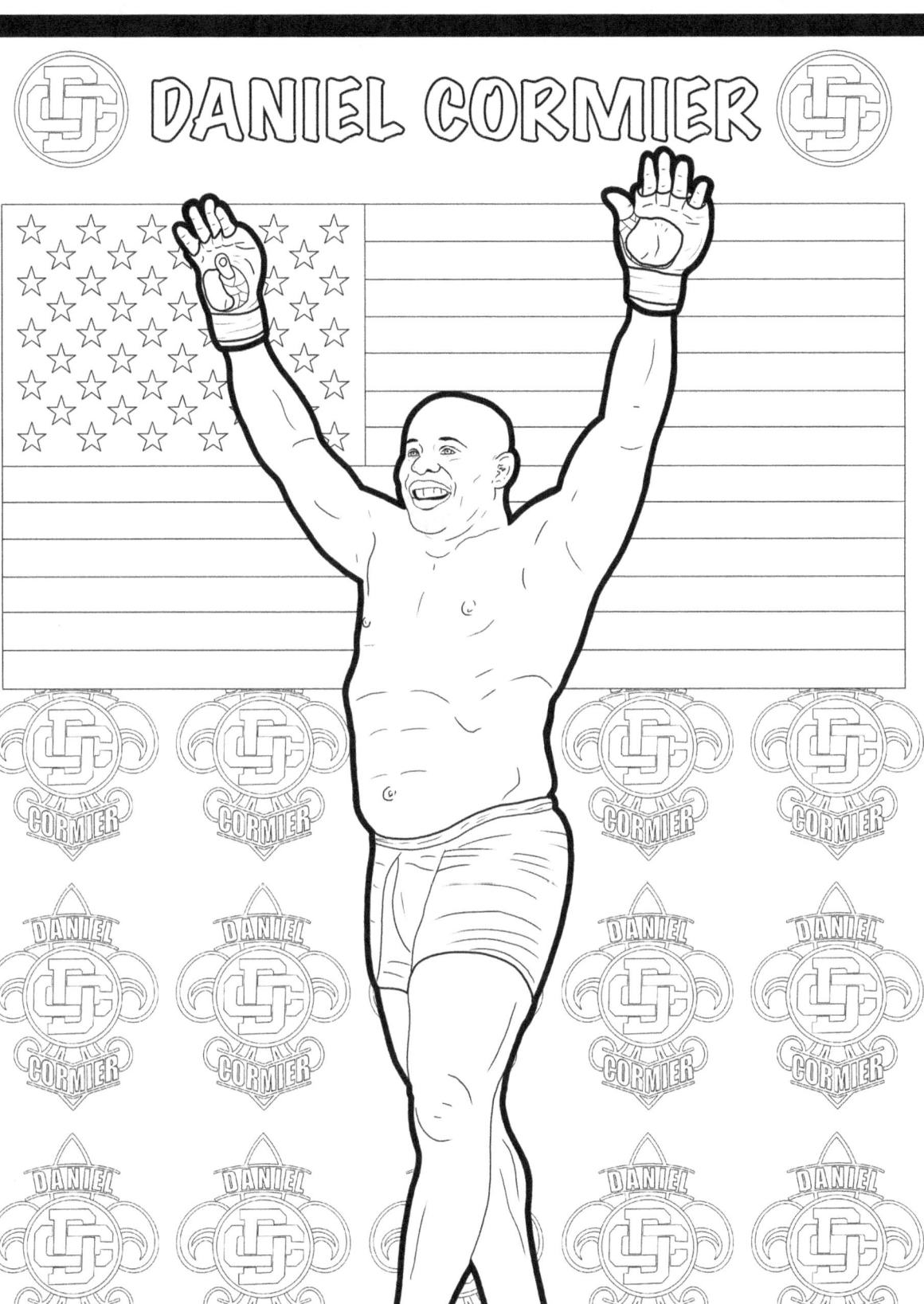

WWW.INSTAGRAM.COM/DC_MMA

DUSTIN POIRIER

WWW.INSTAGRAM.COM/DUSTINPOIRIER

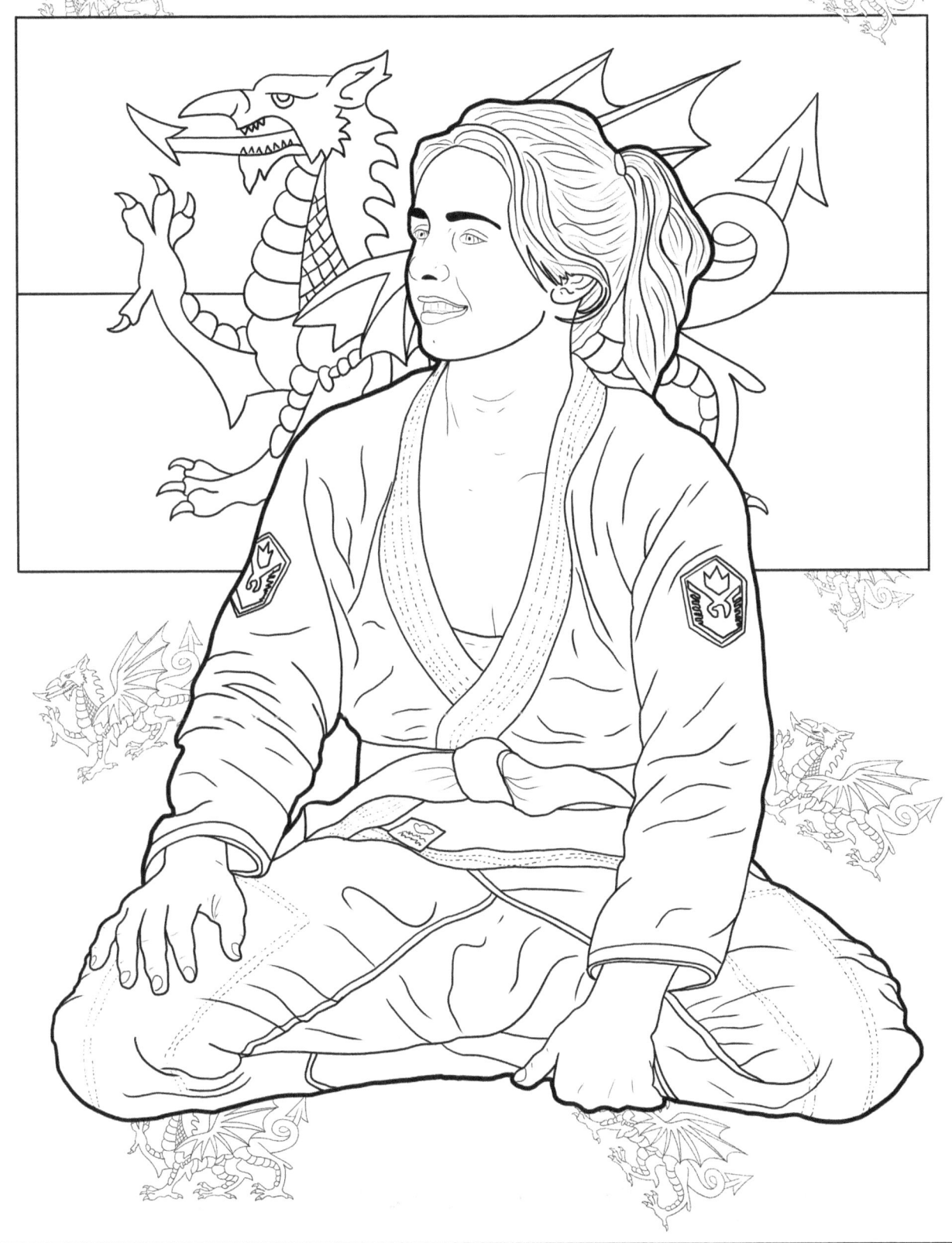

WWW.INSTAGRAM.COM/FFIONEIRA3

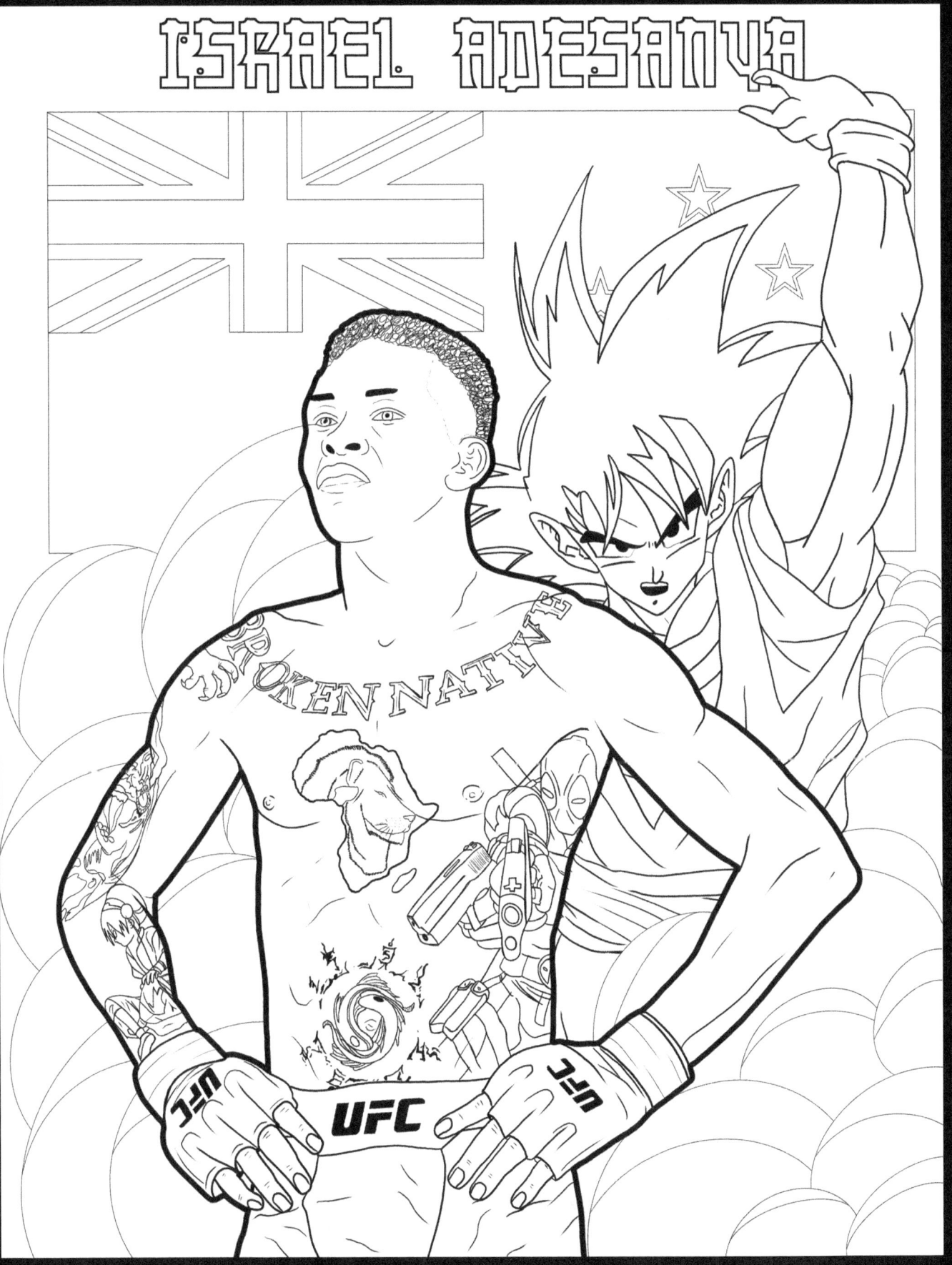

WWW.INSTAGRAM.COM/STYLEBENDER

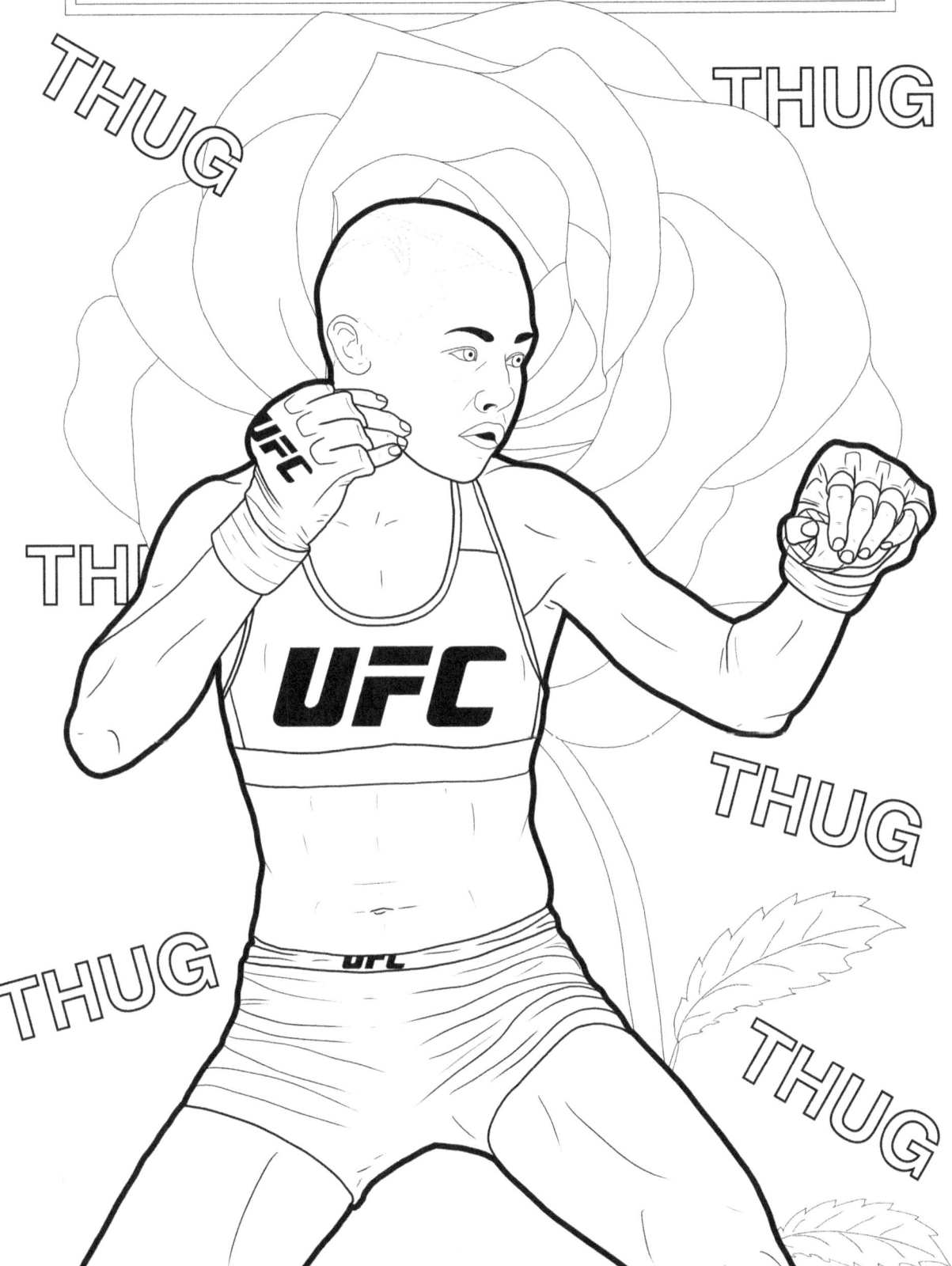

WWW.INSTAGRAM.COM/ROSENAMAJUNAS

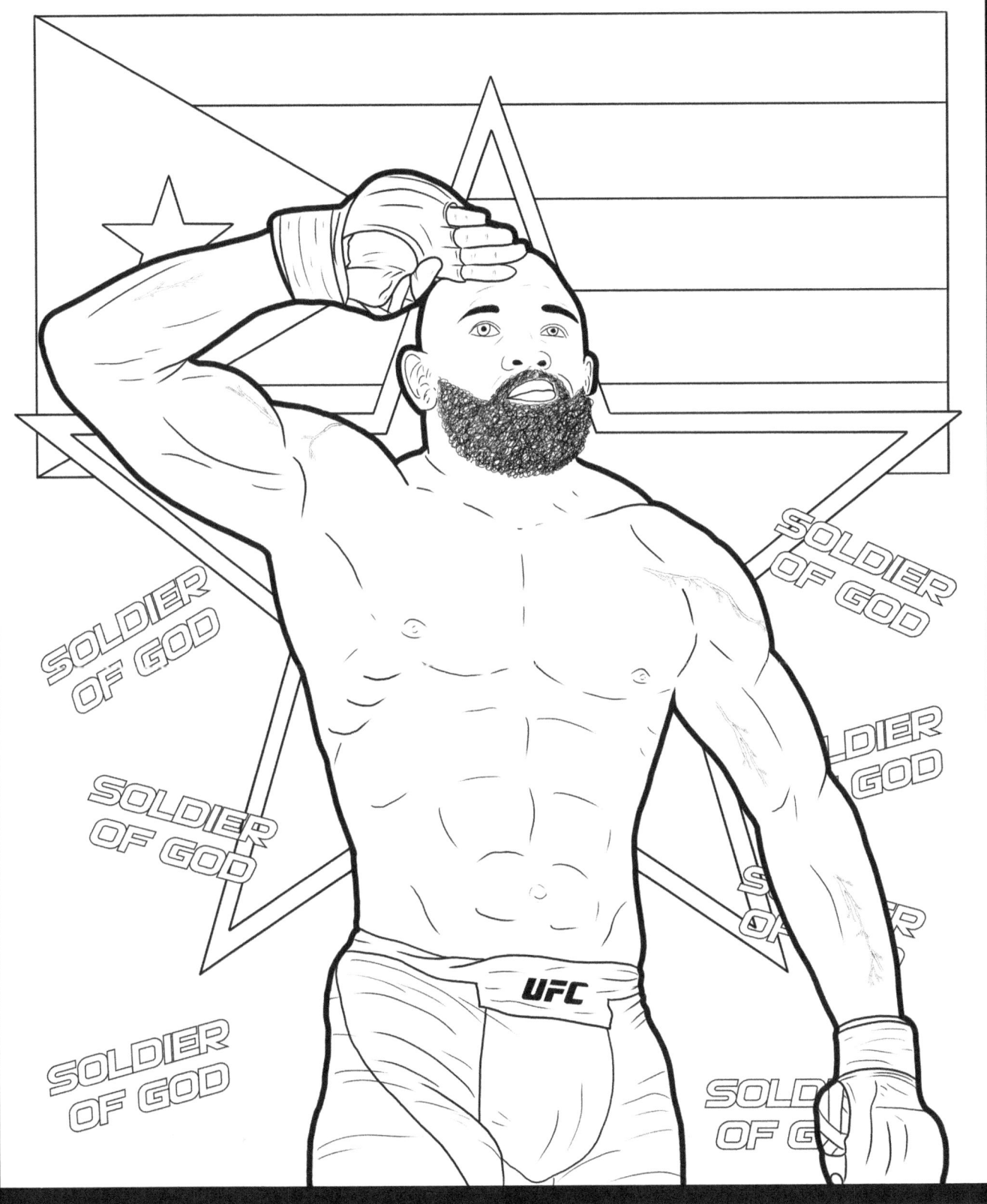

WWW.INSTAGRAM.COM/YOELROMEROMMA

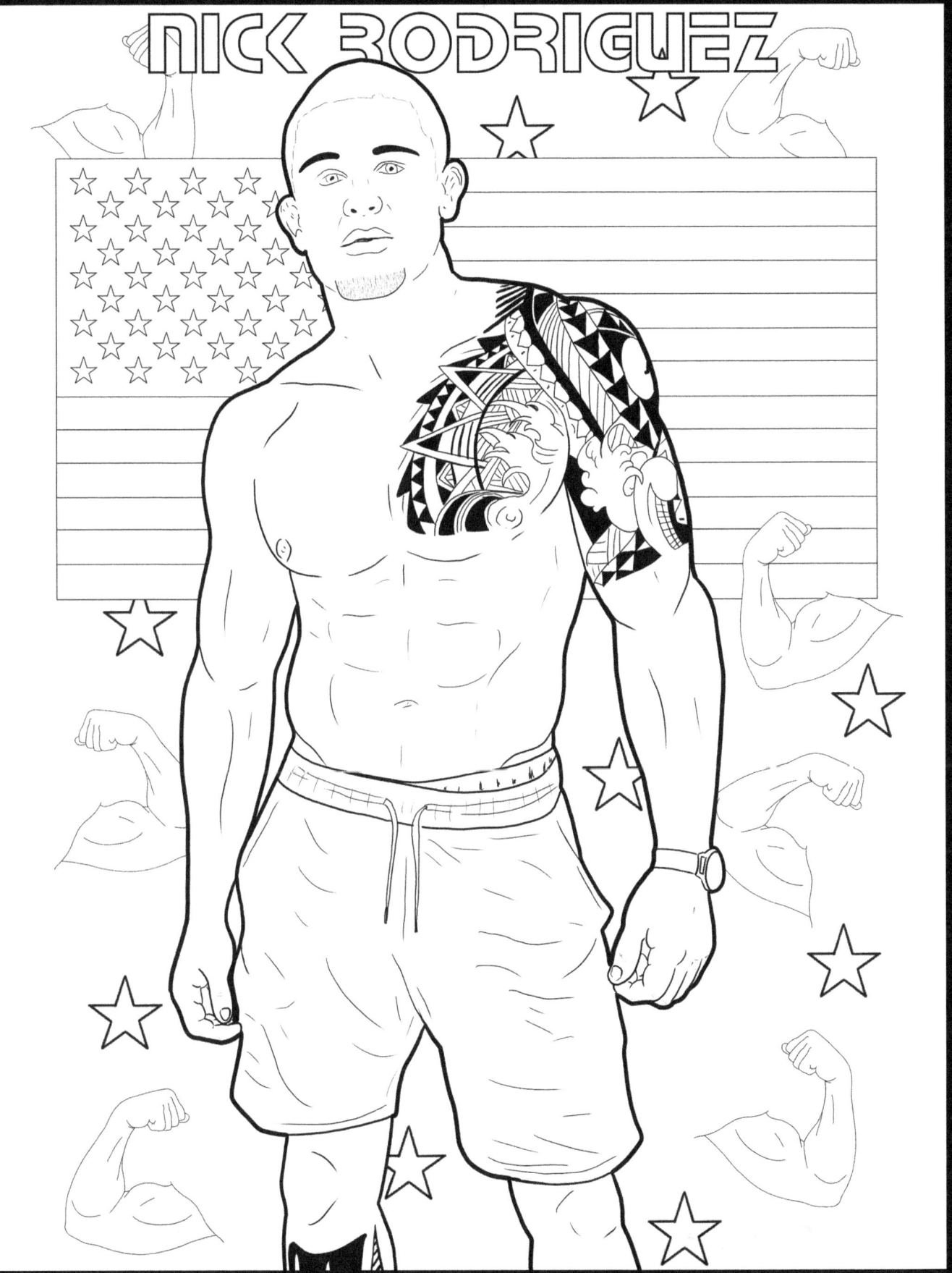

WWW.INSTAGRAM.COM/NICKYROD247

VALENTINA SHEVCHENKO

WWW.INSTAGRAM.COM/BULLETVALENTINA

HENRY CEJUDO

WWW.INSTAGRAM.COM/HENRY_CEJUDO

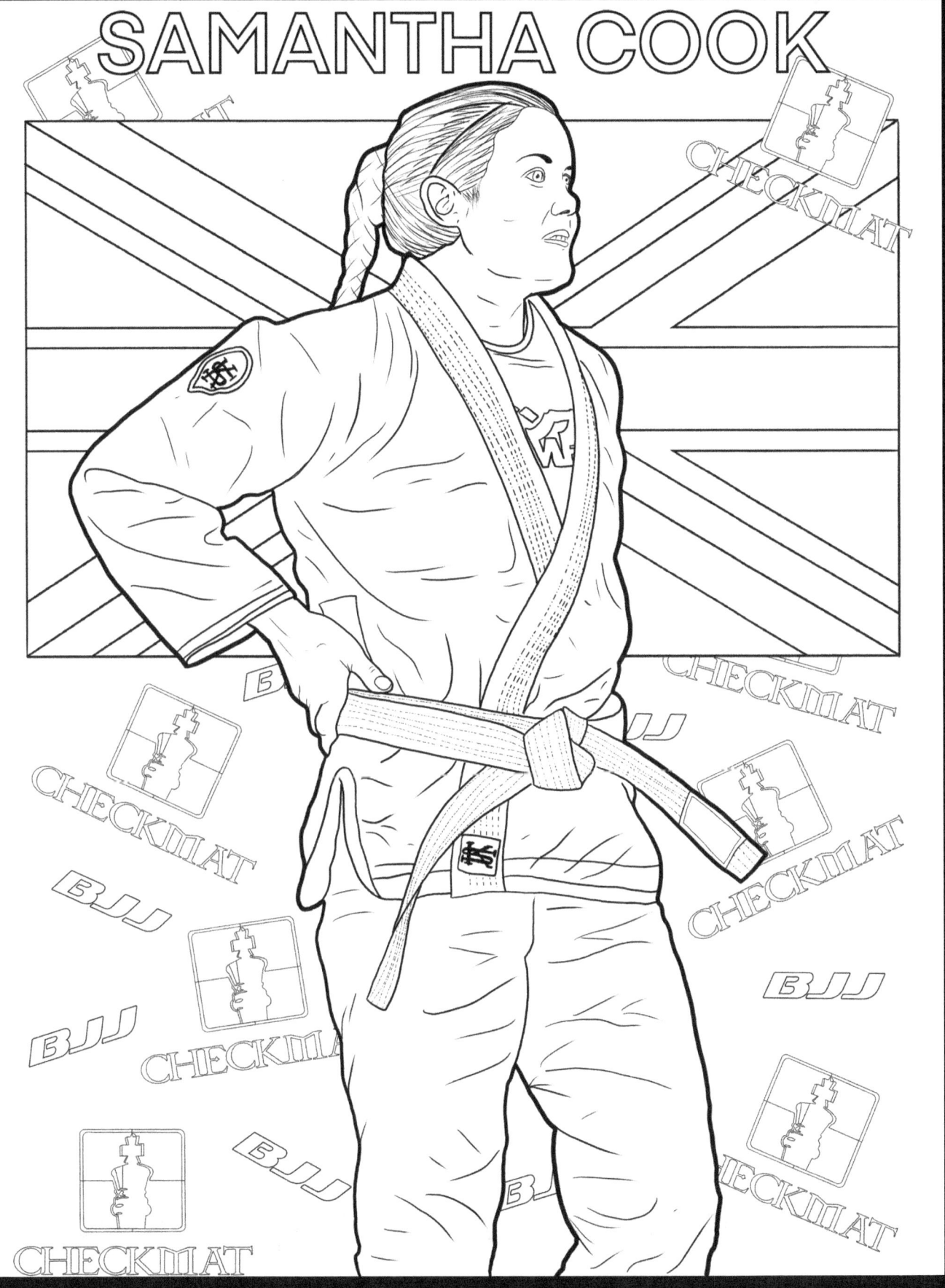

WWW.INSTAGRAM.COM/SAMANTHACOOKBJJ

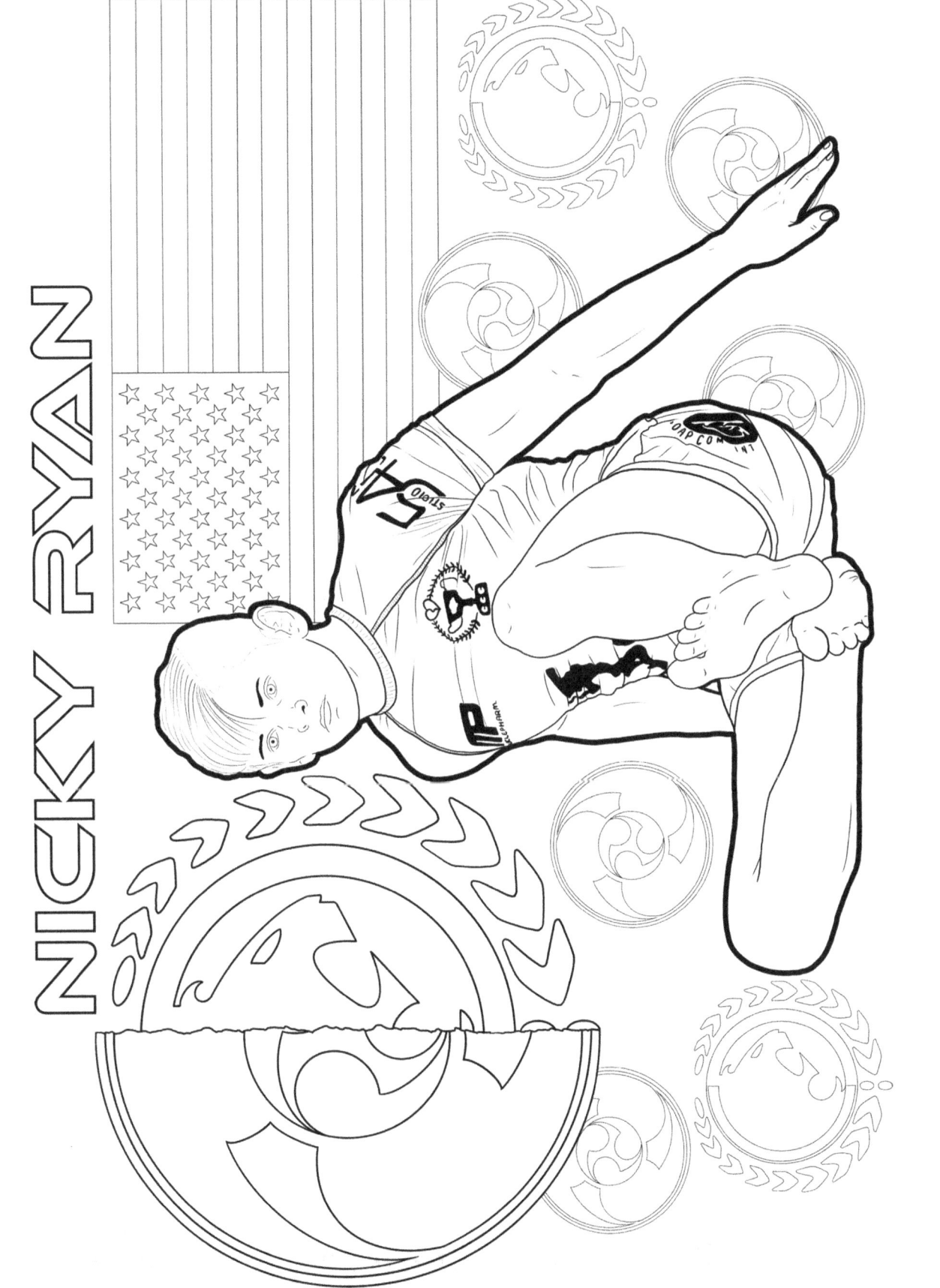

WWW.INSTAGRAM.COM/NICKYRYANBJJ

MIESHA TATE

WWW.INSTAGRAM.COM/MIESHATATE

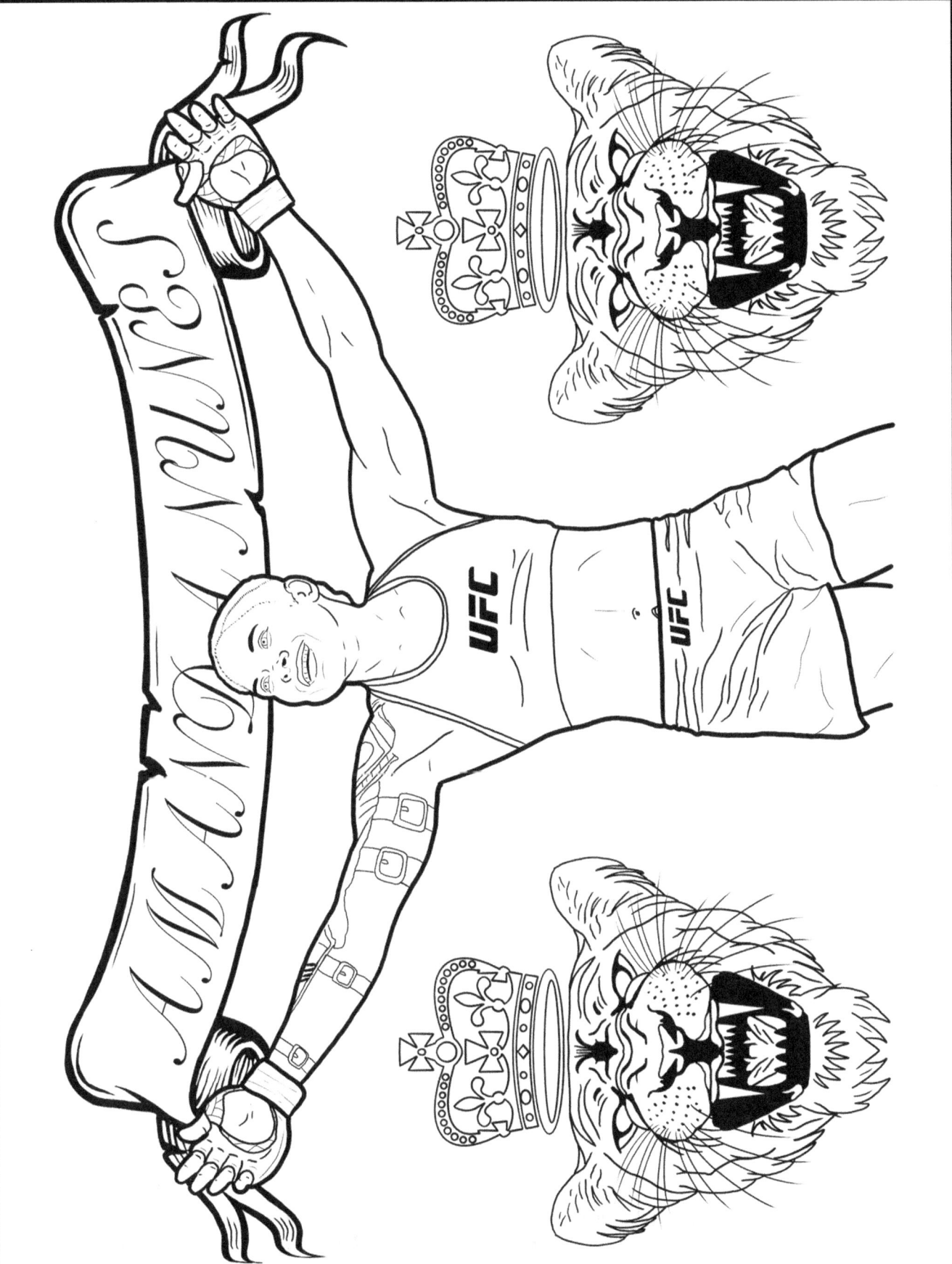

WWW.INSTAGRAM.COM/AMANDA_LEOA

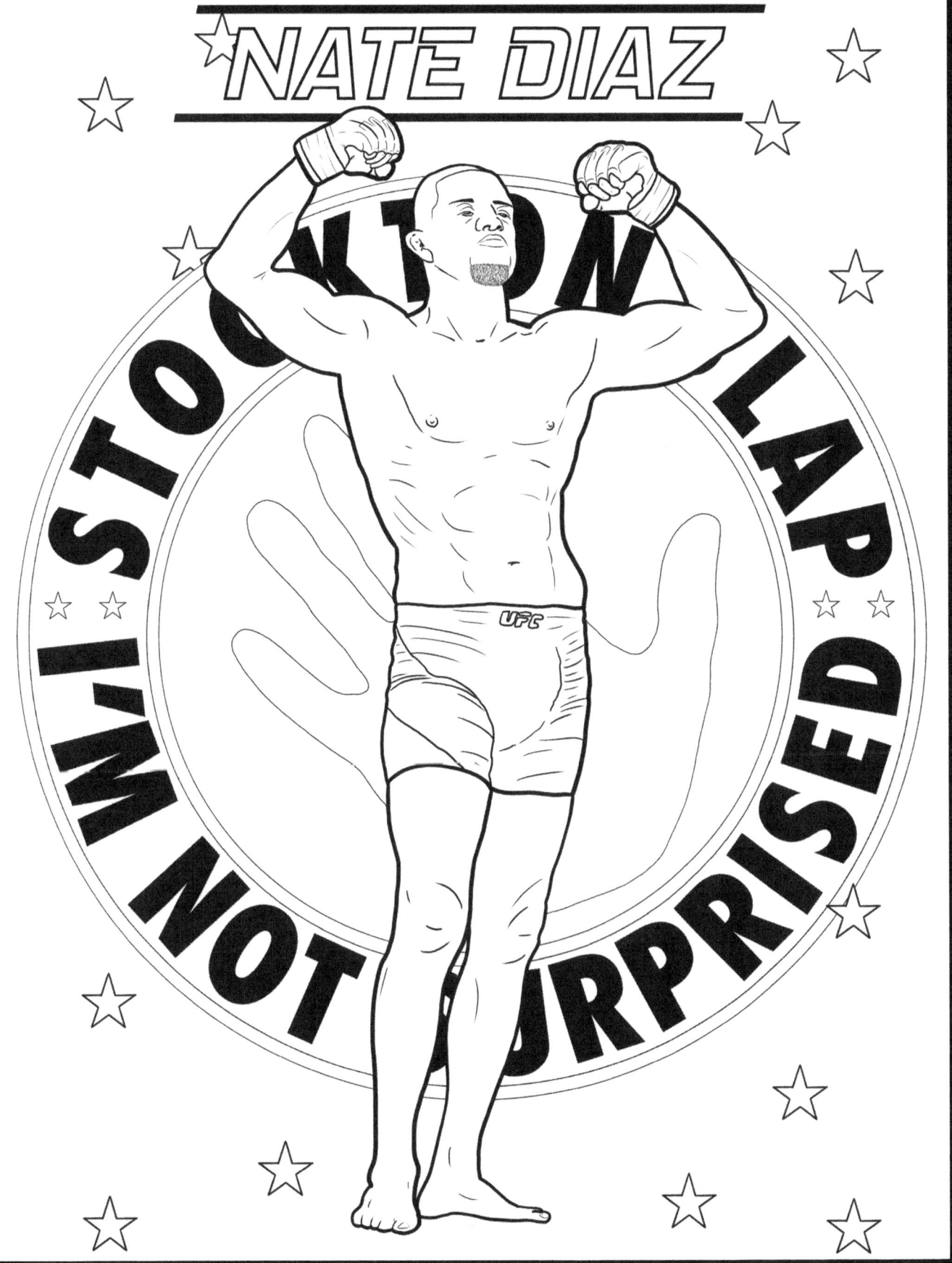

WWW.INSTAGRAM.COM/NATEDIAZ209

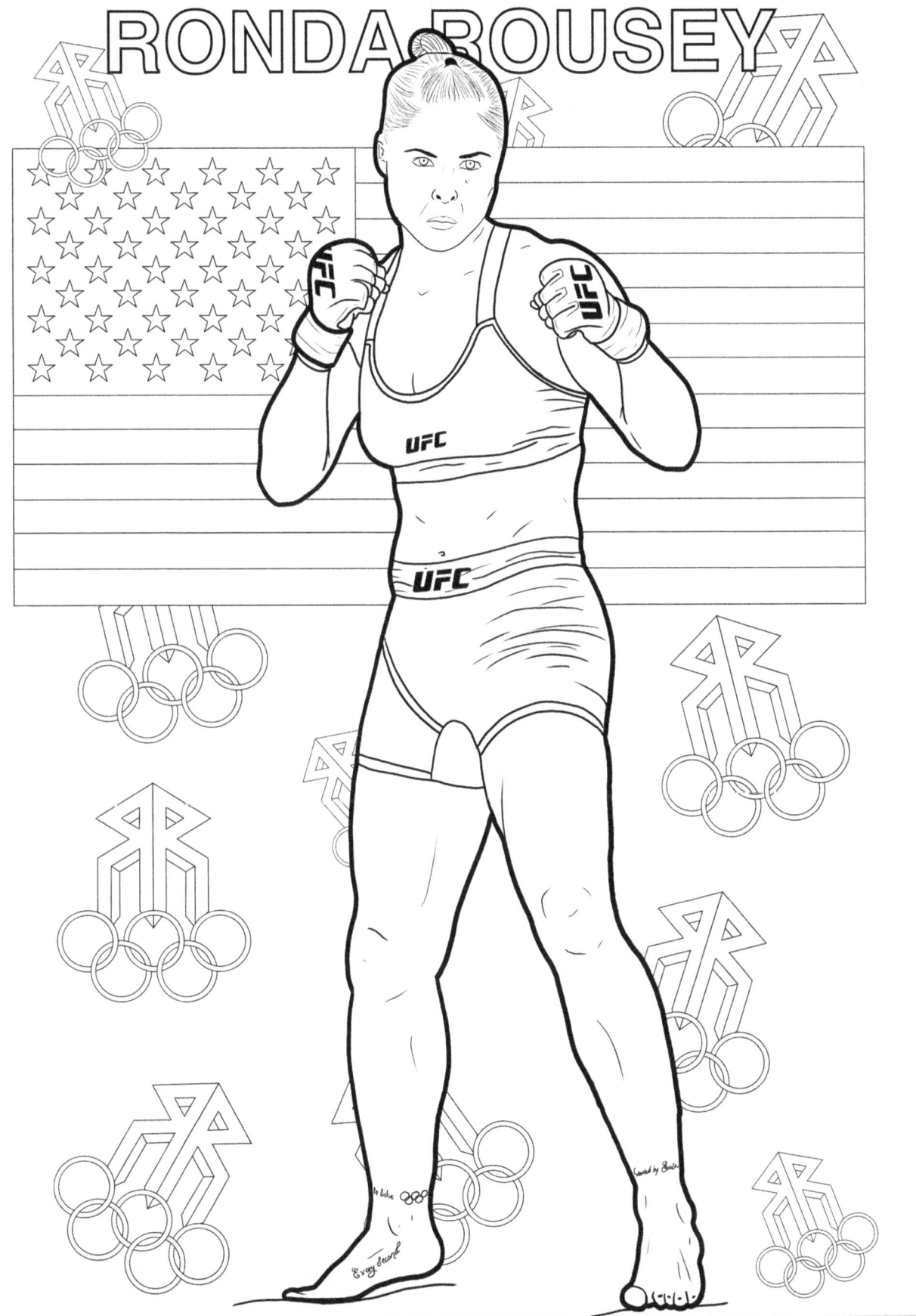

WWW.INSTAGRAM.COM/RONDAROUSEY

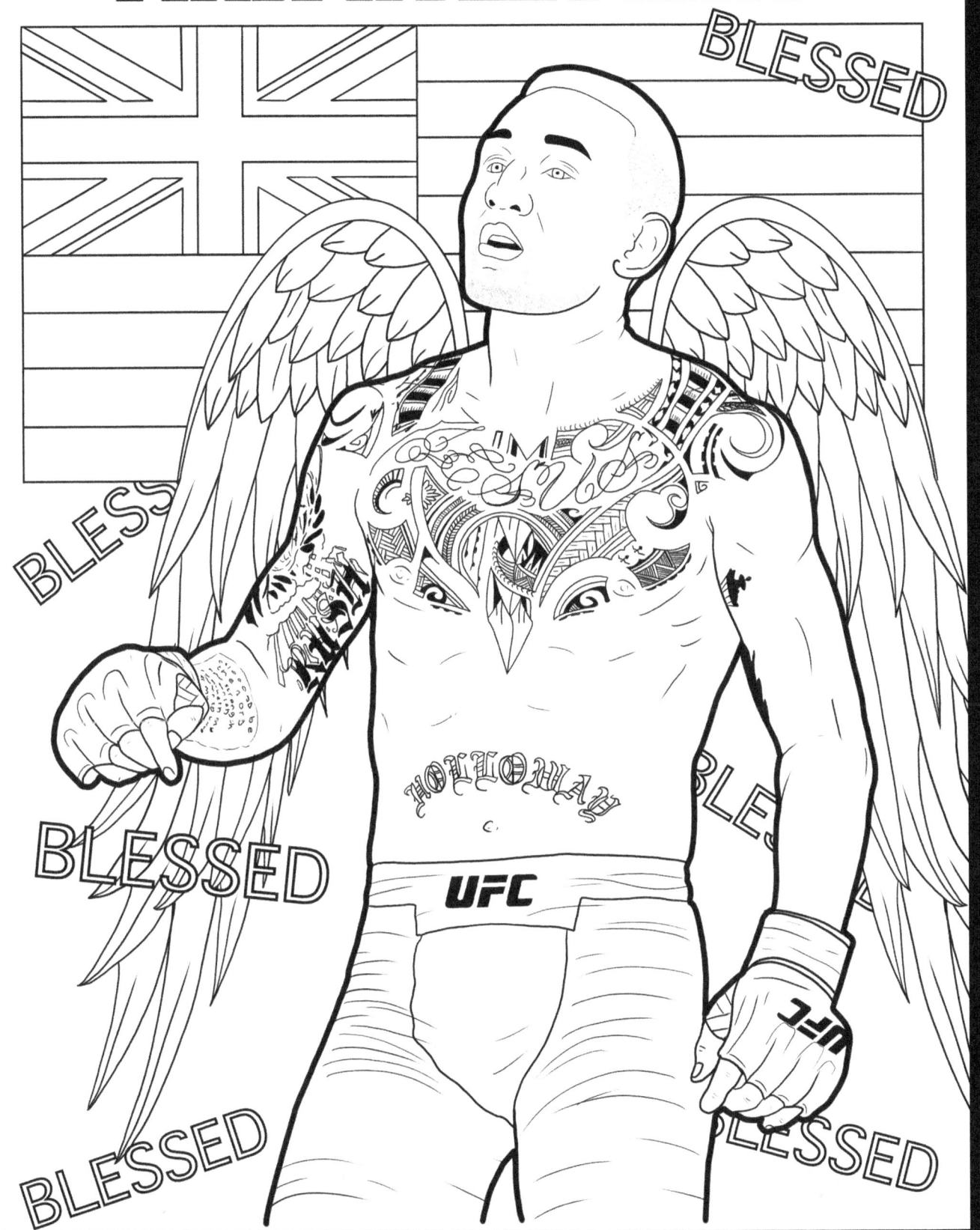

WWW.INSTAGRAM.COM/BLESSEDMMA

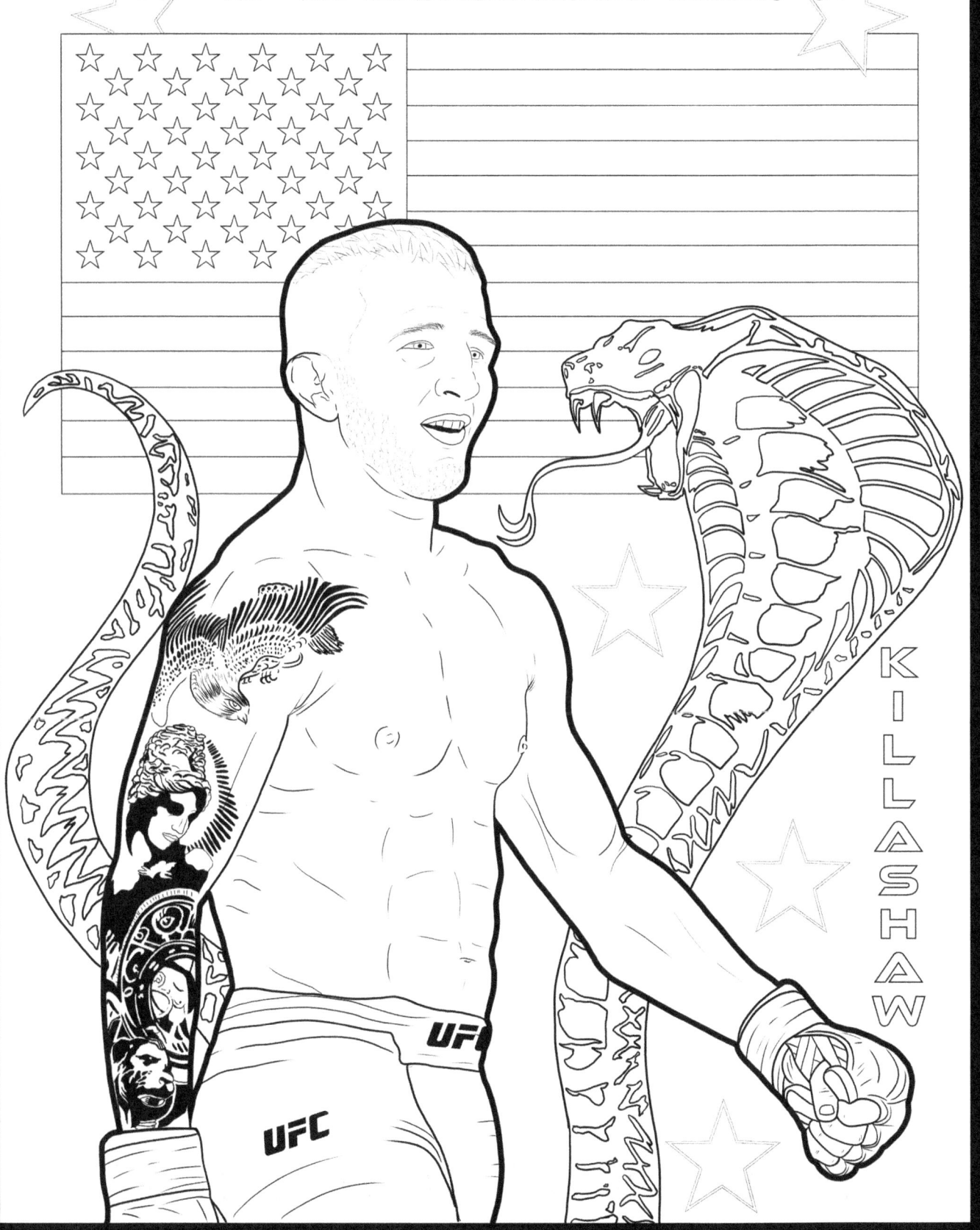

WWW.INSTAGRAM.COM/TJDILLASHAW

DOMINICK CRUZ

WWW.INSTAGRAM.COM/DOMINICKCRUZ

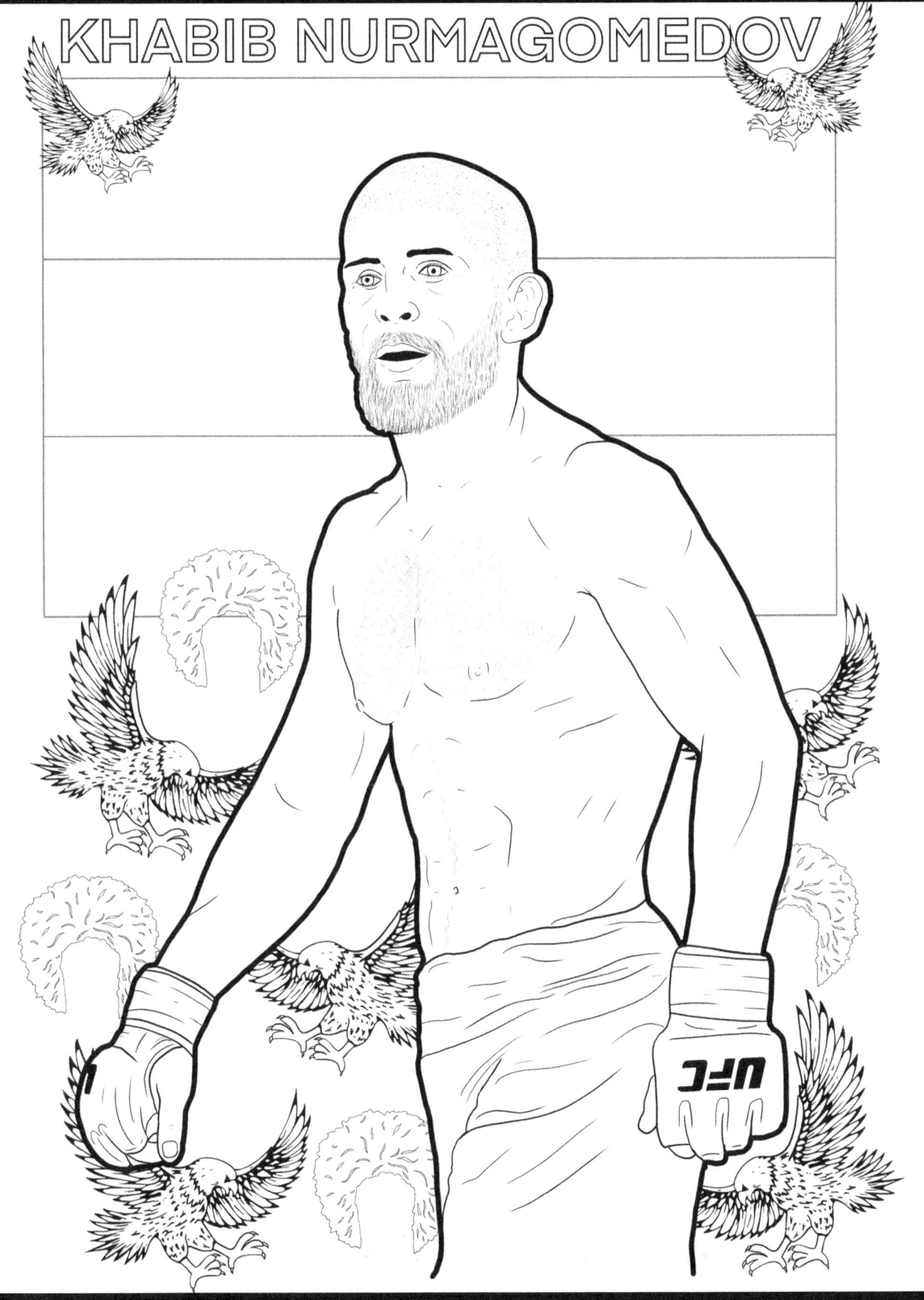

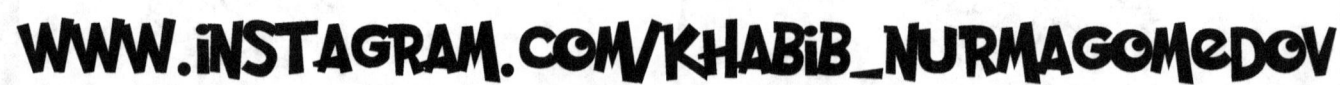

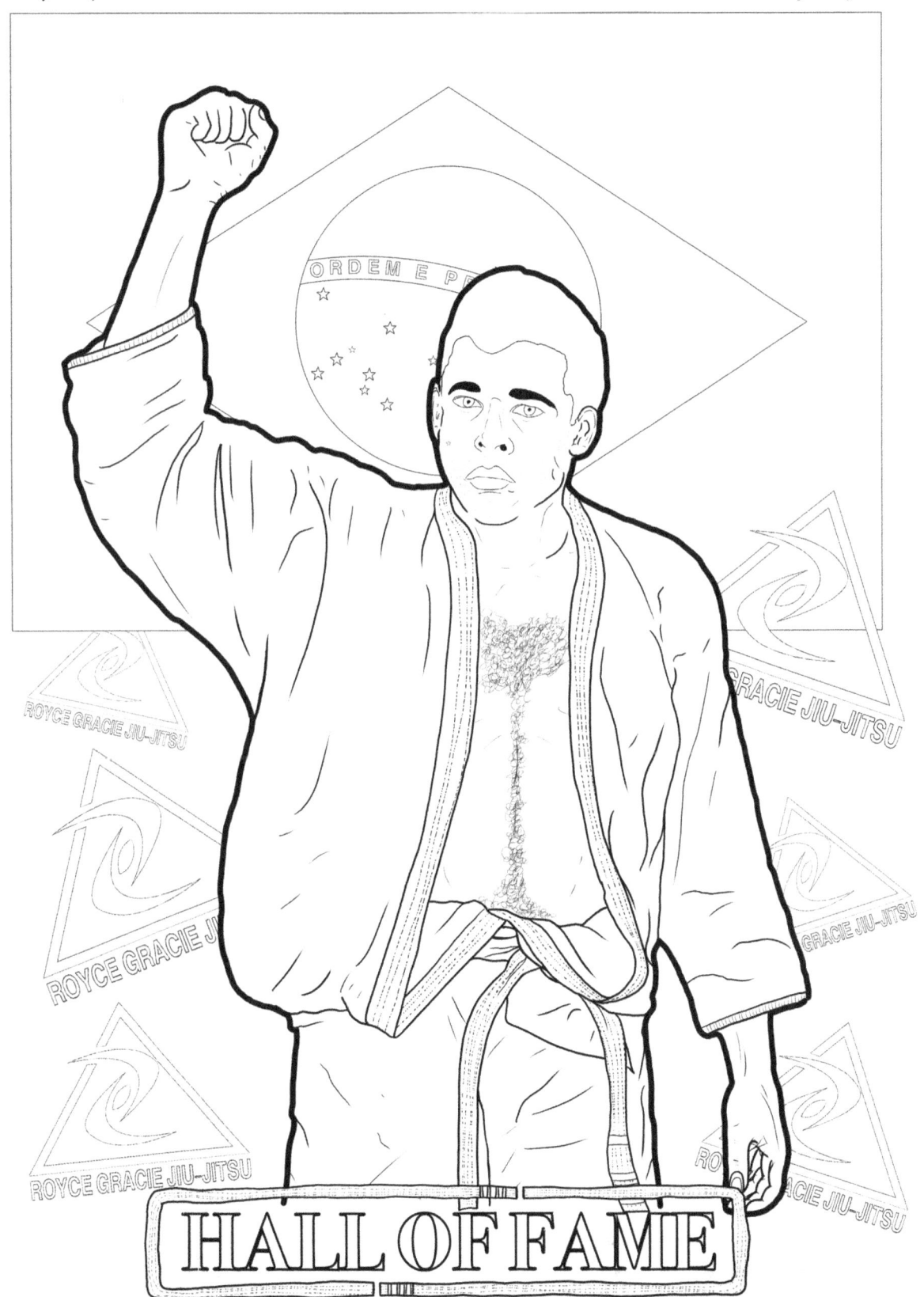

WWW.INSTAGRAM.COM/REALROYCE

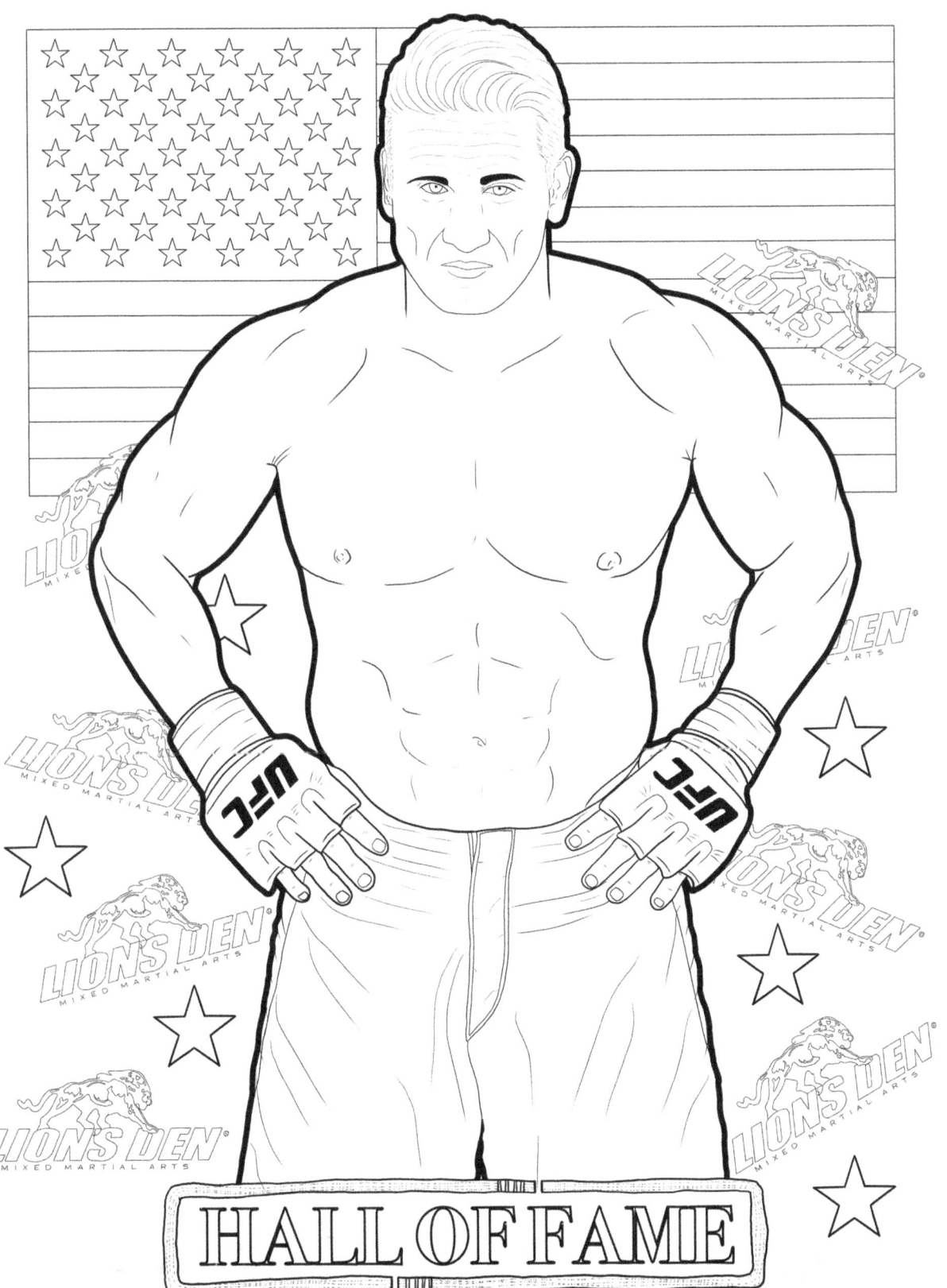

WWW.INSTAGRAM.COM/KENSHAMROCKOFFICIAL

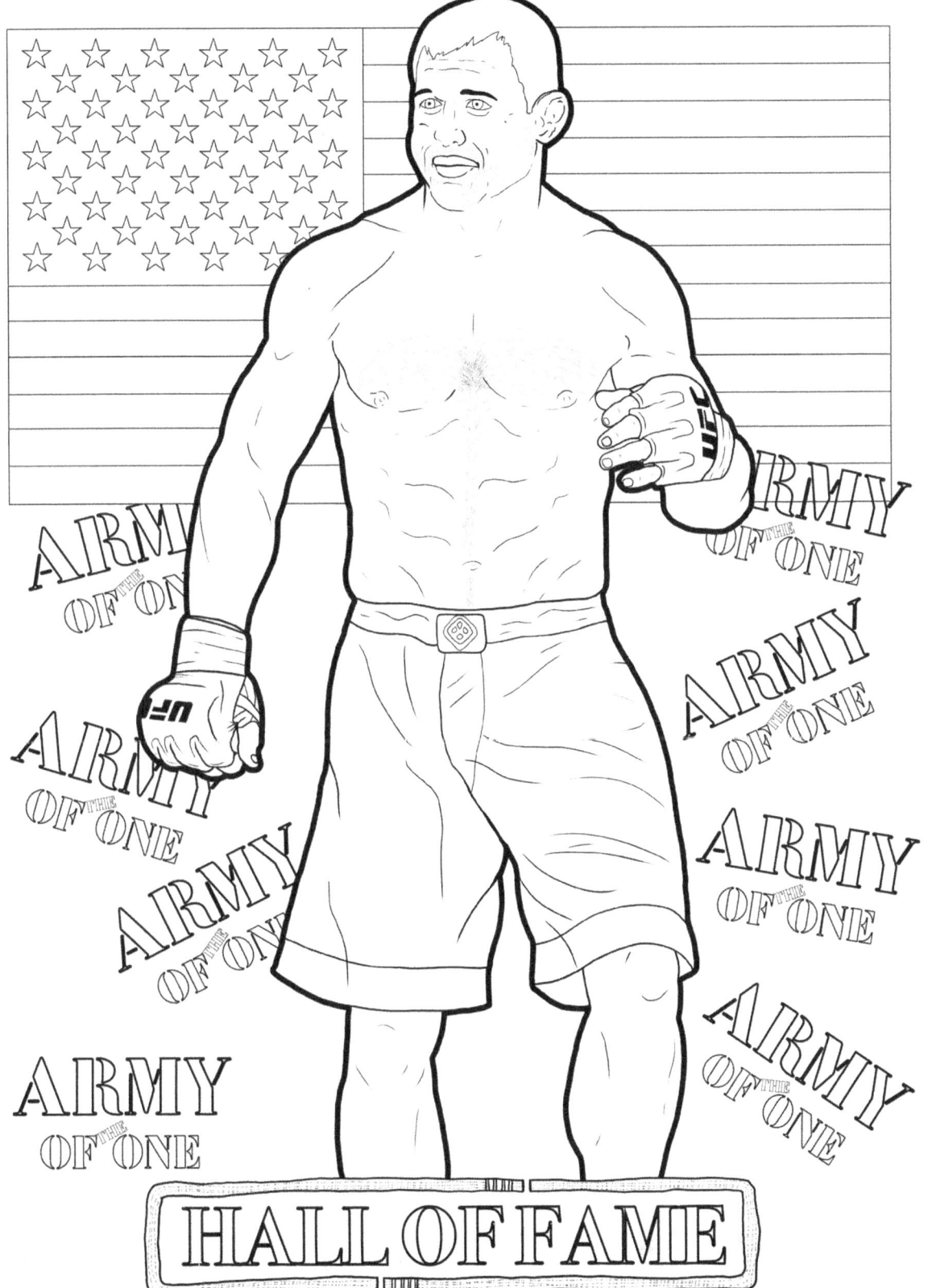

WWW.INSTAGRAM.COM/MATTHUGHES9X

www.ingramcontent.com/pod-product-compliance
Lightning Source LLC
Chambersburg PA
CBHW080524220526
45465CB00006B/2591